一八九八	四十四さい	アメリカ駐在公使《ちゅうざいこうし》になる
一九〇〇	四十六さい	二月《がつ》、ロシア駐在公使《ちゅうざいこうし》になる
		十月《がつ》、清国駐在公使《しんこくちゅうざいこうし》になる
一九〇一	四十七さい	第《だい》一次《じ》桂太郎《かつらたろう》内閣《ないかく》の外務大臣《がいむだいじん》になる
一九〇二	四十八さい	日英同盟《にちえいどうめい》をむすぶ
一九〇四	五十さい	日露戦争《にちろせんそう》がおこる
一九〇五	五十一さい	日本《にほん》の特命全権大使《とくめいぜんけんたいし》としてポーツマス条約《じょうやく》に調印《ちょういん》する
一九〇六	五十二さい	一月《がつ》、外務大臣《がいむだいじん》をやめて枢密顧問官《すうみつこもんかん》になる
		六月《がつ》、イギリス駐在大使《ちゅうざいたいし》になる
一九〇八	五十四さい	第《だい》二次《じ》桂太郎《かつらたろう》内閣《ないかく》の外務大臣《がいむだいじん》になる
一九一〇	五十六さい	韓国併合条約《かんこくへいごうじょうやく》をむすぶ
一九一一	五十七さい	二月《がつ》、新日米通商航海条約《しんにちべいつうしょうこうかいじょうやく》をむすぶ
		四月《がつ》、新日英通商航海条約《しんにちえいつうしょうこうかいじょうやく》をむすぶ
		八月《がつ》、外務大臣《がいむだいじん》をやめる
		十一月《がつ》二十六日《にち》、病気《びょうき》でなくなる

この本《ほん》について

『よんで しらべて 時代《じだい》がわかる ミネルヴァ日本《にほん》歴史人物伝《れきしじんぶつでん》』シリーズは、日本《にほん》の歴史上《れきしじょう》のおもな人物《じんぶつ》をとりあげています。

前半《ぜんはん》は史実《しじつ》をもとにした物語《ものがたり》になっています。有名《ゆうめい》なエピソードを中心《ちゅうしん》に、その人物《じんぶつ》の人生《じんせい》や人《ひと》がらなどを楽《たの》しく知《し》ることができます。

後半《こうはん》は解説《かいせつ》になっていて、人物《じんぶつ》だけでなく、その人物《じんぶつ》が生《い》きた時代《じだい》のことも紹介《しょうかい》しています。物語《ものがたり》をよんだあとに解説《かいせつ》をよめば、より深《ふか》く日本《にほん》の歴史《れきし》を知《し》ることができます。

歴史《れきし》は少《すこ》しにがてという人《ひと》でも、絵本《えほん》をよんで楽《たの》しく学《まな》ぶことができます。歴史《れきし》に興味《きょうみ》がある人《ひと》は、解説《かいせつ》をよむことで、さらに歴史《れきし》にくわしくなれます。

■解説《かいせつ》ページの見《み》かた

人物《じんぶつ》についてくわしく解説《かいせつ》するページと時代《じだい》について解説《かいせつ》するページがあります。

文中《ぶんちゅう》の青《あお》い文字《もじ》は、31ページの「用語解説《ようごかいせつ》」で解説《かいせつ》しています。

写真《しゃしん》や地図《ちず》など理解《りかい》を深《ふか》める資料《しりょう》をたくさんのせています。

小村寿太郎って どんな人？
明治時代の日本外交で活躍した小村寿太郎は、どのような人物だったのでしょうか。
さくいん・用語解説

「もっと知《し》りたい！」では、その人物《じんぶつ》にかかわる博物館《はくぶつかん》や場所《ばしょ》、本《ほん》などを紹介《しょうかい》しています。

「豆《まめ》ちしき」では、人物《じんぶつ》のエピソードや時代《じだい》にかんする基礎知識《きそちしき》などを紹介《しょうかい》しています。

よんで しらべて 時代がわかる
ミネルヴァ 日本歴史人物伝

小村寿太郎《こむらじゅたろう》

列強と肩をならべた近代日本の外交官

監修 安田常雄

文 西本鶏介

絵 荒賀賢二

もくじ

ミネルヴァ書房

日本《にほん》を一等国《いっとうこく》にした男《おとこ》

小村寿太郎《こむらじゅたろう》は一八五五年《ねん》（安政二年《あんせいねん》）、日向国飫肥藩《ひゅうがのくにおびはん》（いまの宮崎県日南市《みやざきけんにちなんし》）の藩士《はんし》・小村寛《こむらひろし》の長男《ちょうなん》として生《う》まれました。寿太郎《じゅたろう》は二番目《ばんめ》の子《こ》どもで、きょうだいが六人《にん》いました。ひどいびんぼうぐらしだったうえに、寿太郎《じゅたろう》が生《う》まれたときは母親《ははおや》の体調《たいちょう》もわるく、じゅうぶんに母乳《ぼにゅう》をのませてもらえず、からだが小《ちい》さく、やせた赤《あか》んぼうでした。

「こんなちんまい子《こ》でも、小村家《こむらけ》のりっぱなあととりぞ。」

父方《ちちかた》の祖母《そぼ》である熊《くま》は、そういって母親《ははおや》にかわって寿太郎《じゅたろう》を育《そだ》てました。きょうだいのだれよりも頭《あたま》がよく、どんなお話《はなし》もすぐおぼえてしまう寿太郎《じゅたろう》は、熊《くま》にとって目《め》にいれてもいたくない孫《まご》でした。それでもけっしてあまやかさず、いつかは藩《はん》を代表《だいひょう》する人《ひと》になってほしいとねがっていました。

熊《くま》は自分《じぶん》に学問《がくもん》の素養《そよう》がなくても、寿太郎《じゅたろう》にはしっかり学問《がくもん》させたいと、七さいのときから藩《はん》の学校《がっこう》である振徳堂《しんとくどう》へかよわせることにしました。

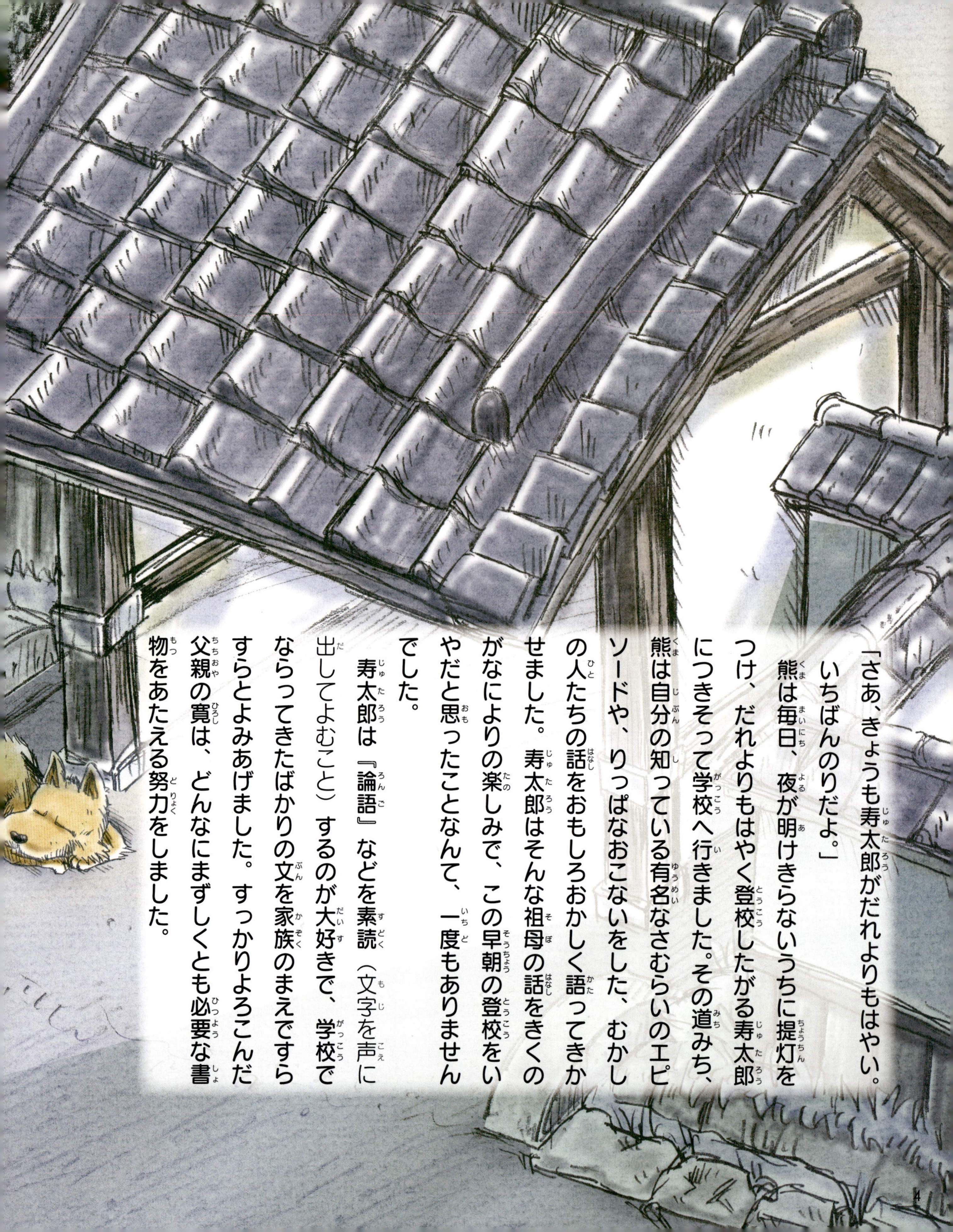

「さあ、きょうも寿太郎《じゅたろう》がだれよりもはやい。いちばんのりだよ。」

熊《くま》は毎日《まいにち》、夜《よる》が明《あ》けきらないうちに提灯《ちょうちん》をつけ、だれよりもはやく登校《とうこう》したがる寿太郎《じゅたろう》につきそって学校《がっこう》へ行《い》きました。その道《みち》みち、熊《くま》は自分《じぶん》の知《し》っている有名《ゆうめい》なさむらいのエピソードや、りっぱなおこないをした、むかしの人《ひと》たちの話《はなし》をおもしろおかしく語《かた》ってきかせました。寿太郎《じゅたろう》はそんな祖母《そぼ》の話《はなし》をきくのがなによりの楽《たの》しみで、この早朝《そうちょう》の登校《とうこう》をいやだと思《おも》ったことなんて、一度《いちど》もありませんでした。

寿太郎《じゅたろう》は『論語《ろんご》』などを素読《すどく》（文字《もじ》を声《こえ》に出《だ》してよむこと）するのが大好《だいす》きで、学校《がっこう》でならってきたばかりの文《ぶん》を家族《かぞく》のまえですらすらとよみあげました。すっかりよろこんだ父親《ちちおや》の寛《ひろし》は、どんなにまずしくとも必要《ひつよう》な書《しょ》物《もつ》をあたえる努力《どりょく》をしました。

寿太郎《じゅたろう》は口数《くちかず》も少《すく》なく、本《ほん》ばかりよんでいるおとなしい少年《しょうねん》でした。祖母《そぼ》のいいつけをしっかりとまもり、親《おや》や先生《せんせい》のいうことには絶対《ぜったい》にさからわず、わるさやいたずらなどしたこともありません。正直《しょうじき》にいえば、まるで子《こ》どもらしくない、大人《おとな》がよろこびそうな模範少年《もはんしょうねん》でした。

ある日《ひ》、学校《がっこう》で習字《しゅうじ》を教《おそ》わっているときのことでした。その日《ひ》にならった字《じ》の清書《せいしょ》がすむと先生《せんせい》が、

「すみがかわくまで正座《せいざ》してまつように。」

と、いって部屋《へや》を出《で》ていきました。そのとたん、子《こ》どもたちはつぎつぎと外《そと》へとびだしました。何時間《なんじかん》もすわっていたので、あそびたくてたまらなかったのです。でも、寿太郎《じゅたろう》だけはべつでした。

「寿太郎《じゅたろう》、はやく出《で》てこい。」

仲間《なかま》が声《こえ》をかけても、寿太郎《じゅたろう》は机《つくえ》のまえに正座《せいざ》したまま、動《うご》こうとしません。もどってきた先生《せんせい》は約束《やくそく》をまもらない子《こ》どもたちをしかったあとで、寿太郎《じゅたろう》にたずねました。

「どうして、おまえは外《そと》へ出《で》なかったのだい。」

すると、寿太郎《じゅたろう》はきっぱりといいました。

「先生《せんせい》のゆるしが出《で》ないうちに外《そと》へ出《で》るなんて、とんでもありません。子《こ》どもとて、いわれたことは、きちんとまもるべきです。」

勉強《べんきょう》も行儀《ぎょうぎ》も寿太郎《じゅたろう》にかなう子《こ》どもは、ひとりとしていません。十五さいになった寿太郎《じゅたろう》は、振徳堂《しんとくどう》の先生《せんせい》や父《ちち》のすすめで長崎《ながさき》へ留学《りゅうがく》することになりました。長崎《ながさき》には、佐賀藩《さがはん》が設立《せつりつ》した英語学《えいごがっ》校《こう》の致遠館《ちえんかん》があり、有名《ゆうめい》なオランダ人宣《じんせん》教師《きょうし》のグイド・フルベッキという人《ひと》が教《おし》えていました。

ところが長崎《ながさき》へ来《き》てみると、致遠館《ちえんかん》は廃校《はいこう》になっていて、フルベッキは日本政《にほんせい》府《ふ》のまねきで東京《とうきょう》の大学南校《だいがくなんこう》（いまの東《とう》京大学《きょうだいがく》）にうつっていました。それでも寿太郎《じゅたろう》は独学《どくがく》で英語《えいご》を勉強《べんきょう》し、外国人《がいこくじん》を見《み》つけると、英語《えいご》で話《はな》しかけました。

そのことを知《し》った振徳堂《しんとくどう》の先《せん》生《せい》は、全国《ぜんこく》の藩《はん》からすぐれた学《がく》生《せい》を大学南校《だいがくなんこう》に入学《にゅうがく》させる貢進《こうしん》生《せい》の制度《せいど》を利用《りよう》して、一八七〇年《ねん》（明治《めいじ》三年《ねん》）、寿太郎《じゅたろう》を大学《だいがく》南校《なんこう》に入学《にゅうがく》させました。

大学南校《だいがくなんこう》では、教科別《きょうかべつ》に学力《がくりょく》におうじてクラスわけされ、成《せい》績《せき》が一定水準《いっていすいじゅん》にたっしなければ進学《しんがく》がゆるされず、卒業生《そつぎょうせい》は入《にゅう》学生《がくせい》の半分《はんぶん》ほどしかいませんでした。そんなきびしい学校生活《がっこうせいかつ》であっても寿太郎《じゅたろう》の成績《せいせき》はどの教科《きょうか》もつねにトップクラスで、とりわけ英語力《えいごりょく》の優秀《ゆうしゅう》さは教授《きょうじゅ》も舌《した》をまくほどでした。

一八七五年《ねん》（明治《めいじ》八年《ねん》）、寿太郎《じゅたろう》は第《だい》一回文部省留学生《かいもんぶしょうりゅうがくせい》にえらばれ、アメリカのハーバード大学《だいがく》へ留学《りゅうがく》し、英語《えいご》と法律《ほうりつ》の勉強《べんきょう》に打《う》ちこみました。ハーバード大《だい》学《がく》を優秀《ゆうしゅう》な成績《せいせき》で卒業《そつぎょう》したあと、二年《ねん》間《かん》ニューヨークの法律事務所《ほうりつじむしょ》ではたらき、一八八〇年《ねん》（明治《めいじ》十三年《ねん》）十一月《がつ》、日本《にほん》へ帰《き》国《こく》した寿太郎《じゅたろう》は司法省《しほうしょう》（現《げん》在《ざい》の法務省《ほうむしょう》）の判事《はんじ》となり、三年半後《ねんはんご》、外務省《がいむしょう》の書記官《しょきかん》となりました。

書記官《しょきかん》になっても寿太郎《じゅたろう》のびんぼうぶりはすさまじいものでした。事業《じぎょう》に失敗《しっぱい》した父親《ちちおや》の借金《しゃっきん》をかえさなくてはならず、結婚《けっこん》して生《う》まれたむすこが栄養失調《えいようしっちょう》で夜盲症《やもうしょう》（暗《くら》いところで目《め》が見《み》えにくくなる病気《びょうき》）になってしまうほどでした。一着《ちゃく》しかないぼろぼろのフロックコートを着《き》て、電車《でんしゃ》にものらず、毎日《まいにち》、外務省《がいむしょう》

まで歩《ある》いてかよいました。

そんなまずしさを見《み》かねた上司《じょうし》が援助《えんじょ》を申《もう》しでても、寿太郎《じゅたろう》は、

「どんなに生活《せいかつ》が苦《くる》しくたって、平気《へいき》です。しかし援助《えんじょ》をうけたおかげで、その人《ひと》に頭《あたま》があがらなくなるのはがまんができません。」

と、いってきっぱりことわりました。

寿太郎《じゅたろう》の外務省《がいむしょう》でのおもな仕事《しごと》は、外交文書《がいこうぶんしょ》を翻訳《ほんやく》することでしたが、その訳文《やくぶん》はすばらしく、またアメリカで学《まな》んだ豊富《ほうふ》な法律知識《ほうりつちしき》は、群《ぐん》をぬいていました。自分《じぶん》の知《し》らない分野《ぶんや》のことであっても、必要《ひつよう》なものは外国《がいこく》の書物《しょもつ》で調《しら》べ、その対策《たいさく》を考《かんが》えました。どうすればこちらの要求《ようきゅう》を相手《あいて》にうけいれさせることができるか、綿密《めんみつ》に計画《けいかく》をたてて交渉《こうしょう》しました。

その語学力《ごがくりょく》と交渉能力《こうしょうのうりょく》が、当時《とうじ》の外務大臣《がいむだいじん》であった陸奥宗光《むつむねみつ》にみとめられて、三十九さいのとき、清《しん》（いまの中国《ちゅうごく》）の駐在臨時代理公使《ちゅうざいりんじだいりこうし》にえらばれました。つづいて外務省政務局長《がいむしょうせいむきょくちょう》、韓国《かんこく》の駐在公使《ちゅうざいこうし》、外務次官《がいむじかん》、アメリカ駐在公使《ちゅうざいこうし》、ロシア駐在公使《ちゅうざいこうし》、清《しん》の駐在公使《ちゅうざいこうし》などをへて、一九〇一年《ねん》（明治《めいじ》三十四年《ねん》）、四十七さいのとき、ついには第《だい》一次《じ》桂太郎内閣《かつらたろうないかく》の外務大臣《がいむだいじん》に就任《しゅうにん》しました。

外務大臣《がいむだいじん》になって寿太郎《じゅたろう》がまず考《かんが》えたことは、アジアの小《ちい》さな島国《しまぐに》である日本《にほん》を、世界《せかい》の一等国《いっとうこく》にすることでした。日《に》本《ほん》の国益《こくえき》をはかるために、大国《たいこく》とどうどうとわたりあえる力《ちから》をもつことでした。

そのころ、北方《ほっぽう》の大国《たいこく》ロシアは、アジアに勢力《せいりょく》をのばしつつありました。日清《にっしん》戦争《せんそう》のあとも、満州《まんしゅう》の旅順《リュイシュン》（旅順《りょじゅん》）と大《ター》連《リエン》（大連《だいれん》）を占領《せんりょう》して、韓国《かんこく》の支配《しはい》をねらっていました。

（ロシアと戦争《せんそう》しないで、ロシアのアジア侵出《しんしゅつ》（ほかの国《くに》の勢力範囲《せいりょくはんい》に入《はい》りこむこと）をおさえる手《て》はないものか。）

外務大臣《がいむだいじん》になった翌年《よくとし》、寿太郎《じゅたろう》はアジアにたくさんの植民地《しょくみんち》をもつイギリスと手《て》をむすび、ロシアをけんせいするため、日英同盟《にちえいどうめい》を締結《ていけつ》しました。ロシアの南下《なんか》をくいとめ、清《しん》と韓国《かんこく》での日英両国《にちえいりょうこく》の利《り》益《えき》をまもるのが目的《もくてき》です。

満州《まんしゅう》と韓国《かんこく》をめぐる日本《にほん》とロシアの外交交渉《がいこうこうしょう》は何度《なんど》もおこなわれましたが、おたがいに相手《あいて》の主張《しゅちょう》をききいれようとしません。ついには一九〇四年《ねん》（明治《めいじ》三十七年《ねん》）二月《がつ》の御前会議《ごぜんかいぎ》（天皇《てんのう》が出席《しゅっせき》しておこなわれる、国家《こっか》の重大《じゅうだい》なことを決定《けってい》する会議《かいぎ》）で日露戦争《にちろせんそう》の開戦《かいせん》が宣告《せんこく》されました。

韓国《かんこく》の仁川《インチョン》（仁川《じんせん》）に上陸《じょうりく》した日本軍《にほんぐん》は、翌年《よくとし》の一月《がつ》には旅順《リュイシュン》でロシア軍《ぐん》の要塞《ようさい》をせめおとし、三月《がつ》には奉天《フォンティエン》（奉天《ほうてん》）をせめて占領《せんりょう》しました。そして五月《がつ》の日本海海戦《にほんかいかいせん》で、日本《にほん》の海軍《かいぐん》がロシアのバルチック艦隊《かんたい》を打《う》ちやぶりました。

しかし、日本《にほん》にはこれ以上戦争《いじょうせんそう》をつづけるお金《かね》はなく、兵士《へいし》の死者《ししゃ》は八万五千人《まんせんにん》にたっしていました。いっぽう、ロシアでも、国民《こくみん》を苦《くる》しめる政府《せいふ》に対《たい》する革命運動《かくめいうんどう》が、はげしくなりつつありました。

（いまこそ、この戦争《せんそう》を終《お》わらせるチャンスだ。）

そう考《かんが》えた寿太郎《じゅたろう》はアメリカに仲介《ちゅうかい》を依頼《いらい》して、ロシアとの講和《こうわ》会議《かいぎ》をひらくことにしたのです。

一九〇五年《ねん》（明治《めいじ》三十八年《ねん》）、アメリカ大統領《だいとうりょう》ルーズベルトがあいだに入《はい》り、アメリカ北東部《ほくとうぶ》の都市《とし》ポーツマスで日露講和会議《にちろこうわかいぎ》がひらかれ、その全権大使《ぜんけんたいし》に寿太郎《じゅたろう》がえらばれました。アジアの小国《しょうこく》・日本《にほん》が、大国《たいこく》のロシア軍《ぐん》をやぶったというので、ヨーロッパの国《くに》ぐにもこの会議《かいぎ》に注目《ちゅうもく》しました。

寿太郎《じゅたろう》はロシア代表《だいひょう》のヴィッテにむかい、どうどうと胸《むね》をはっていいました。

「まず韓国《かんこく》に対《たい》して、ロシアはいっさい干渉《かんしょう》をしないこと。樺太《からふと》（サハリン）の一部《いちぶ》を日本《にほん》へゆずりわたすこと。さらには、日本《にほん》へ賠償《ばいしょう》金《きん》をはらうこと。」

そのとたん、ロシア代表《だいひょう》のヴィッテがいいました。

「韓国《かんこく》は日本《にほん》にまかせる。ただし、樺太《からふと》の一部《いちぶ》のゆずりわたしと、賠償金《ばいしょうきん》のしはらいは、だんこことわる。」

元《もと》ロシアの大蔵大臣《おおくらだいじん》であったヴィッテもなかなかのきれ者《もの》です。それでも寿太《じゅた》郎《ろう》はねばりづよく交渉《こうしょう》をつづけ、賠償金《ばいしょうきん》をとることはできませんでしたが、樺太《からふと》南部《なんぶ》をゆずりうけることに成功《せいこう》し、無事《ぶじ》に講和条約《こうわじょうやく》を締結《ていけつ》させせました。

しかし、日本《にほん》の大勝利《だいしょうり》とよろこんでいた国《こく》民《みん》の多《おお》くは、ポーツマス条約《じょうやく》の内容《ないよう》が公開《こうかい》されると、賠償金《ばいしょうきん》もとれなかった日本政府《にほんせいふ》に不《ふ》満《まん》をもち、なかには全権大使《ぜんけんたいし》であった寿太郎《じゅたろう》の家族《かぞく》を脅迫《きょうはく》したり、襲撃《しゅうげき》しようとするものも出《で》てきました。なにしろ約《やく》二十三万人《まんにん》もの死傷者《ししょうしゃ》を出《だ》し、十八億円《おくえん》以上《いじょう》も戦費《せんぴ》をつかったのですから。

講和条約《こうわじょうやく》の調印《ちょういん》をすませた寿太郎《じゅたろう》は、その年《とし》の十月《がつ》に日本《にほん》へもどってきましたが、身《み》の安全《あんぜん》が保障《ほしょう》できないというので、家族《かぞく》も出《で》むかえに行《い》けなかったといいます。

一九〇六年《ねん》（明治《めいじ》三十九年《ねん》）の一月《がつ》、外務《がいむ》大臣《だいじん》を辞任《じにん》したあと、六月《がつ》にはイギリス駐在《ちゅうざい》大使《たいし》となりますが、一九〇八年《ねん》（明治《めいじ》四十一年《ねん》）八月《がつ》には第二次桂太郎内閣《だいじかつらたろうないかく》の外務大臣《がいむだいじん》に再任《さいにん》されました。幕末《ばくまつ》にむすばれたアメリカやイギリスとの不平等条約《ふびょうどうじょうやく》の改正《かいせい》をはかり、一九一一年《ねん》（明治《めいじ》四十四年《ねん》）に新日米通商航《しんにちべいつうしょうこう》海条約《かいじょうやく》と新日英通商航海条約《しんにちえいつうしょうこうかいじょうやく》を締結《ていけつ》させました。その年《とし》の八月《がつ》、外務大臣《がいむだいじん》を辞任《じにん》したあと、五十七さいでこの世《よ》をさりました。

寿太郎《じゅたろう》は、すばらしい語学力《ごがくりょく》と交渉力《こうしょうりょく》で、生涯《しょうがい》をかけて日本《にほん》を世界《せかい》の一等国《いっとうこく》の一員《いちいん》にまでおしあげた、すぐれた外交官《がいこうかん》でした。

小村寿太郎《こむらじゅたろう》って どんな人《ひと》？

明治時代《めいじじだい》の日本外交《にほんがいこう》で活躍《かつやく》した小村寿太郎《こむらじゅたろう》は、どのような人物《じんぶつ》だったのでしょうか。

優等生《ゆうとうせい》だった寿太郎《じゅたろう》

一八五五年《ねん》（安政《あんせい》二年《ねん》）九月《がつ》十六日《にち》、小村寿太郎《こむらじゅたろう》は日向国《ひゅうがのくに》飫肥藩《おびはん》（いまの宮崎県日南市《みやざきけんにちなんし》）の下級武士《かきゅうぶし》、小村寛《こむらひろし》の長男《ちょうなん》として生《う》まれました。母親《ははおや》の梅《うめ》は、寿太郎《じゅたろう》が生《う》まれたあとに体調《たいちょう》をくずしたため、寿太郎《じゅたろう》は祖母《そぼ》の熊《くま》にきびしくしつけられて育《そだ》ちました。

寿太郎《じゅたろう》は四さいから私塾《しじゅく》に、七さいから藩校《はんこう》の振徳堂《しんとくどう》にかよいました。まじめで努力家《どりょくか》であるうえ、記憶力《きおくりょく》もよかったので、成績《せいせき》はつねに優秀《ゆうしゅう》でした。

振徳堂《しんとくどう》を一八六九年《ねん》（明治《めいじ》二年《ねん》）に卒業《そつぎょう》した寿太郎《じゅたろう》は、西洋《せいよう》の学問《がくもん》を学《まな》ぶために長崎《ながさき》に留学《りゅうがく》することになりました。ところが、長崎《ながさき》で有名《ゆうめい》だったオランダ人宣教師《じんせんきょうし》のグイド・フルベッキは東京《とうきょう》の大学《だいがく》南校《なんこう》（東京開成学校《とうきょうかいせいがっこう》など改称《かいしょう》をへて、東京大学《とうきょうだいがく》となる）へうつっていたため、寿太郎《じゅたろう》は独学《どくがく》で英語《えいご》を身《み》につけました。

一八七〇年《ねん》（明治《めいじ》三年《ねん》）、寿太郎《じゅたろう》は貢進生《こうしんせい》にえらばれ、大学南校《だいがくなんこう》に入学《にゅうがく》しました。全国《ぜんこく》から来《き》た学生《がくせい》のなかでも、寿太郎《じゅたろう》の成績《せいせき》はいつも上位《じょうい》でした。

1855～1911年《ねん》

1875年《ねん》（明治《めいじ》８年《ねん》）ごろ、東京開成《とうきょうかいせい》学校時代《がっこうじだい》の寿太郎《じゅたろう》と友人《ゆうじん》たち。寿太郎《じゅたろう》はいちばん左《ひだり》。

（写真提供《しゃしんていきょう》：国際交流《こくさいこうりゅう》センター小村記念館《こむらきねんかん》）

アメリカ留学《りゅうがく》とびんぼうな役人《やくにん》時代《じだい》

東京開成学校《とうきょうかいせいがっこう》で学《まな》びながら、もっと本格的《ほんかくてき》に勉強《べんきょう》したいと思《おも》うようになった寿太郎《じゅたろう》は、海外留学《かいがいりゅうがく》をさせてほしいと友人《ゆうじん》たちとともに文部省《もんぶしょう》にうったえました。その結果《けっか》、寿太郎《じゅたろう》ほか十一名《めい》の学生《がくせい》が第《だい》一回文部省留学生《かいもんぶしょうりゅうがくせい》としてアメリカに留学《りゅうがく》しました。一八七五年《ねん》（明治《めいじ》八年《ねん》）に寿太郎《じゅたろう》はハーバード大学《だいがく》で法律《ほうりつ》を学《まな》び、卒業後《そつぎょうご》はニューヨー

小柄《こがら》だった寿太郎《じゅたろう》は、外出《がいしゅつ》時《じ》にはシルクハットとフロックコートを愛用《あいよう》した。（写真提供《しゃしんていきょう》：国際交流《こくさいこうりゅう》センター小村記念館《こむらきねんかん》）

クの法律事務所《ほうりつじむしょ》ではたらきました。

一八八〇年《ねん》（明治《めいじ》十三年《ねん》）に帰国《きこく》した寿太郎《じゅたろう》は司法省《しほうしょう》に入《はい》り、一八八四年《ねん》（明治《めいじ》十七年《ねん》）、外務省《がいむしょう》にうつりました。このころ、寿太郎《じゅたろう》の父親《ちちおや》の会社《かいしゃ》が倒産《とうさん》し、その借金《しゃっきん》を寿太郎《じゅたろう》がかえすこととなりました。生活《せいかつ》は非常《ひじょう》にまずしくなりましたが、結婚《けっこん》して、子《こ》どももいた寿太郎《じゅたろう》は借金《しゃっきん》とりに追《お》われても、平然《へいぜん》としていたといわれます。

外務省《がいむしょう》で、寿太郎《じゅたろう》は外交文書《がいこうぶんしょ》などを翻訳《ほんやく》し、その的確《てきかく》さで評判《ひょうばん》になりました。また、借金返済《しゃっきんへんさい》のための内職《ないしょく》に多《おお》くの本《ほん》を翻訳《ほんやく》していたので、知識《ちしき》も豊富《ほうふ》でした。この知識《ちしき》や語学力《ごがくりょく》が第二次《だいじ》伊藤博文《いとうひろぶみ》↓29ページ内閣《ないかく》の外務大臣《がいむだいじん》・陸奥宗光《むつむねみつ》↓29ページにみとめられ、出世《しゅっせ》していきます。

寿太郎《じゅたろう》がつとめていたころの外務省《がいむしょう》の正門《せいもん》。（国立国会図書館所蔵《こくりつこっかいとしょかんしょぞう》）

外交官《がいこうかん》としての活躍《かつやく》

一八九三年《ねん》（明治《めいじ》二十六年《ねん》）、寿太郎《じゅたろう》は駐在臨時代理公使《ちゅうざいりんじだいりこうし》として清《しん》（いまの中国《ちゅうごく》）に赴任《ふにん》します。翌年《よくとし》に日清戦争《にっしんせんそう》がおこりましたが、寿太郎《じゅたろう》は清《しん》に対《たい》して日本《にほん》の立場《たちば》を強《つよ》く主張《しゅちょう》したり、戦争《せんそう》中《ちゅう》に占領地《せんりょうち》をよくおさめたりと成果《せいか》をあげ、外交官《がいこうかん》としての評価《ひょうか》を高《たか》めました。

「中国《ちゅうごく》」とかかれたパイが大国《たいこく》によって分割《ぶんかつ》されていることをあらわした風刺画《ふうしが》。前列左《ぜんれつひだり》からイギリス、ドイツ、ロシア、フランス、日本《にほん》で、うしろにいるのが中国《ちゅうごく》。

その後《ご》、一八九六年《ねん》（明治《めいじ》二十九年《ねん》）には大臣《だいじん》につぐ地位《ちい》の、外務次官《がいむじかん》に昇進《しょうしん》します。つづいてアメリカとロシアで駐在公使《ちゅうざいこうし》をつとめたのち、一九〇〇年《ねん》（明治《めいじ》三十三年《ねん》）には清国駐在公使《しんこくちゅうざいこうし》となり、ふたたび清《しん》へおもむきました。

この年《とし》、北京《ペキン》では**義和団事件《ぎわだんじけん》**がおこり、日本《にほん》とロシアを中心《ちゅうしん》とする連合国《れんごうこく》は清《しん》に対《たい》して賠償《ばいしょう》をもとめました。その講和会議《こうわかいぎ》に**特命全権大使《とくめいぜんけんたいし》**として出席《しゅっせき》した寿太郎《じゅたろう》は、強《つよ》い態度《たいど》で日本《にほん》の主張《しゅちょう》をおしとおし、翌年《よくとし》に調印《ちょういん》された北京《ペキン》議定書《ぎていしょ》で、賠償金《ばいしょうきん》と、清《しん》にいる日本人《にほんじん》をまもるための軍隊《ぐんたい》を駐留《ちゅうりゅう》させる権利《けんり》をえることができました。

外務大臣《がいむだいじん》になる

一九〇一年《ねん》（明治《めいじ》三十四年《ねん》）六月《がつ》、陸《りく》軍大将《ぐんたいしょう》の桂太郎《かつらたろう》↓29ページが内閣総理大《ないかくそうりだい》臣《じん》となり、寿太郎《じゅたろう》は外務大臣《がいむだいじん》にとりたてられました。その翌年《よくとし》、アジア侵出《しんしゅつ》をねらうロシアに対抗《たいこう》するため、ロシアの南下《なんか》をこころよく思《おも》っていないイギリスと協力《きょうりょく》するべきだと主張《しゅちょう》し、日《にち》英同盟《えいどうめい》をむすぶことに成功《せいこう》しました。

ところが、ロシアが列強諸国《れっきょうしょこく》に約束《やくそく》した満州《まんしゅう》（いまの中国東北部《ちゅうごくとうほくぶ》）撤退《てったい》をおこなわなかったため、日本《にほん》とロシアの対立《たいりつ》が深《ふか》まりました。寿太郎《じゅたろう》はロシアとの交渉《こうしょう》の特命全権大使《とくめいぜんけんたいし》に任命《にんめい》されますが、両国《りょうこく》がたがいに自国《じこく》のいい分《ぶん》をゆずりあわなかったため、とうとう一九〇四年《ねん》（明治《めいじ》三十七年《ねん》）二月《がつ》、日《にち》露戦争《ろせんそう》に突入《とつにゅう》しました。

日露戦争《にちろせんそう》の終結《しゅうけつ》

日本軍《にほんぐん》は奉天《フォンティエン》（奉天《ほうてん》）会戦《かいせん》（大規《だいき》模《ぼ》な戦闘《せんとう》）や日本海海戦《にほんかいかいせん》で勝利《しょうり》しましたが、大国《たいこく》のロシアにくらべて兵力《へいりょく》や財力《ざいりょく》が不足《ふそく》しており、戦争《せんそう》をつづけることがむずかしくなりました。また、ロシア国内《こくない》でも帝政《ていせい》に反対《はんたい》する革命運《かくめいうん》動《どう》がおこりました。日本《にほん》もロシアも戦《せん》争《そう》をやめることをのぞんだため、翌年《よくとし》九月《がつ》にはアメリカ大統領《だいとうりょう》のセオドア・ルーズベルトがなかをとりもち、アメリカ北東部《ほくとうぶ》の都市《とし》ポーツマスで日本《にほん》とロシアの講和会議《こうわかいぎ》がひらかれて、戦争《せんそう》を終《お》わらせました。

この会議《かいぎ》に、日本《にほん》は戦勝国《せんしょうこく》として出席《しゅっせき》し、日本《にほん》の特命全《とくめいぜん》権大使《けんたいし》は寿太郎《じゅたろう》でした。戦争《せんそう》で負《ま》けたとはいえ、大国《たいこく》であるロシアを相手《あいて》に、寿太郎《じゅたろう》はどうどうと日本《にほん》の要求《ようきゅう》を主張《しゅちょう》しました。日本《にほん》はこの会議《かいぎ》でむすばれたポーツマス条約《じょうやく》↓26ページで中国大陸進出《ちゅうごくたいりくしんしゅつ》への足《あし》がかりをつくることができたため、日本側《にほんがわ》の交渉《こうしょう》は成《せい》功《こう》したといえます。

しかし、国民《こくみん》は戦争《せんそう》のために苦《くる》しい生活《せいかつ》をがまんしており、賠償金《ばいしょうきん》を期待《きたい》していたため、賠償金《ばいしょうきん》をロシアからとれなかった寿太郎《じゅたろう》をせめました。

ポーツマス講和会議《こうわかいぎ》で撮影《さつえい》された写真《しゃしん》。右《みぎ》から２番目《ばんめ》が寿太郎《じゅたろう》、写真中央《しゃしんちゅうおう》がルーズベルト大統領《だいとうりょう》。ロシアの特命全権大使《とくめいぜんけんたいし》ヴィッテがいちばん左《ひだり》。（写真提供《しゃしんていきょう》：国際交流《こくさいこうりゅう》センター小村記念館《こむらきねんかん》）

二度目《どめ》の外務大臣時代《がいむだいじんじだい》

一九〇六年《ねん》（明治三十九年《めいじねん》）に桂内《かつらない》閣《かく》が総辞職《そうじしょく》したので、寿太郎《じゅたろう》も外務大《がいむだい》臣《じん》をやめました。その後《ご》は枢密顧問官《すうみつこもんかん》やイギリス駐在大使《ちゅうざいたいし》などをつとめて、一九〇八年《ねん》（明治四十一年《めいじねん》）に第二次《だいじ》桂太郎内閣《かつらたろうないかく》ができると、ふたたび外務《がいむ》大臣《だいじん》となります。日露戦争中《にちろせんそうちゅう》から日韓《にっかん》議定書《ぎていしょ》や三回《かい》の日韓協約《にっかんきょうやく》をとりかわし韓国《かんこく》の保護国化《ほごこくか》をおしすすめていた桂《かつら》内閣《ないかく》は、一九一〇年《ねん》（明治四十三年《めいじねん》）には韓国併合《かんこくへいごう》を実現《じつげん》させました。

そして、寿太郎《じゅたろう》が外務大臣時代《がいむだいじんじだい》になしたもうひとつの重要《じゅうよう》な仕事《しごと》が、江戸《えど》時代《じだい》の終《お》わりからつづいてきた、不平《ふびょう》等条約《どうじょうやく》の改正《かいせい》でした。一九一一年《ねん》（明《めい》治四十四年《じねん》）二月《がつ》にはアメリカと新日《しんにち》米通商航海条約《べいつうしょうこうかいじょうやく》を、四月《がつ》にはイギリスと新日英通商航海条約《しんにちえいつうしょうこうかいじょうやく》をむすび、日本《にほん》の悲願《ひがん》であった関税自主権《かんぜいじしゅけん》の完全《かんぜん》な回《かい》復《ふく》を実現《じつげん》しました。

この年《とし》の八月《がつ》、桂内閣《かつらないかく》が総辞職《そうじしょく》をしたため、寿太郎《じゅたろう》も外務大《がいむだい》臣《じん》をやめました。神奈川《かながわ》県《けん》の葉山《はやま》にひっこしてゆったりと生活《せいかつ》していましたが、十一月《がつ》に病気《びょうき》にかかりました。

もともとからだが弱《よわ》く大臣時代《だいじんじだい》もしばしば大病《たいびょう》をわずらった寿太郎《じゅたろう》は、十一月二十六日《がつにち》に病気《びょうき》でなくなりました。五十七さいでした。

1907年《ねん》（明治《めいじ》40年《ねん》）ごろ、イギリスの議事堂前《ぎじどうまえ》で特命全権大《とくめいぜんけんたい》使《し》として任務《にんむ》にあたる寿太郎《じゅたろう》。
（写真提供《しゃしんていきょう》：国際交流《こくさいこうりゅう》センター小村記念館《こむらきねんかん》）

豆《まめ》ちしき

あだ名《な》は「ねずみ公使《こうし》」

寿《じゅ》太郎《たろう》はやせているうえに身長《しんちょう》が低《ひく》く、日本人《にほんじん》のなかでも小柄《こがら》で、弱《よわ》よわしいからだつきをしていました。

外交官《がいこうかん》として海外《かいがい》へ行《い》き、からだの大《おお》きな外《がい》国人《こくじん》のあいだに立《た》ちまじると、寿太郎《じゅたろう》は小柄《こがら》ゆえにめだちました。小《ちい》さいからだで精力的《せいりょくてき》に動《うご》きまわり、てきぱきと仕事《しごと》をこなすようすから、外国《がいこく》の外交官《がいこうかん》たちは寿太郎《じゅたろう》を「ねずみ公使《こうし》」とよび、注目《ちゅうもく》しました。

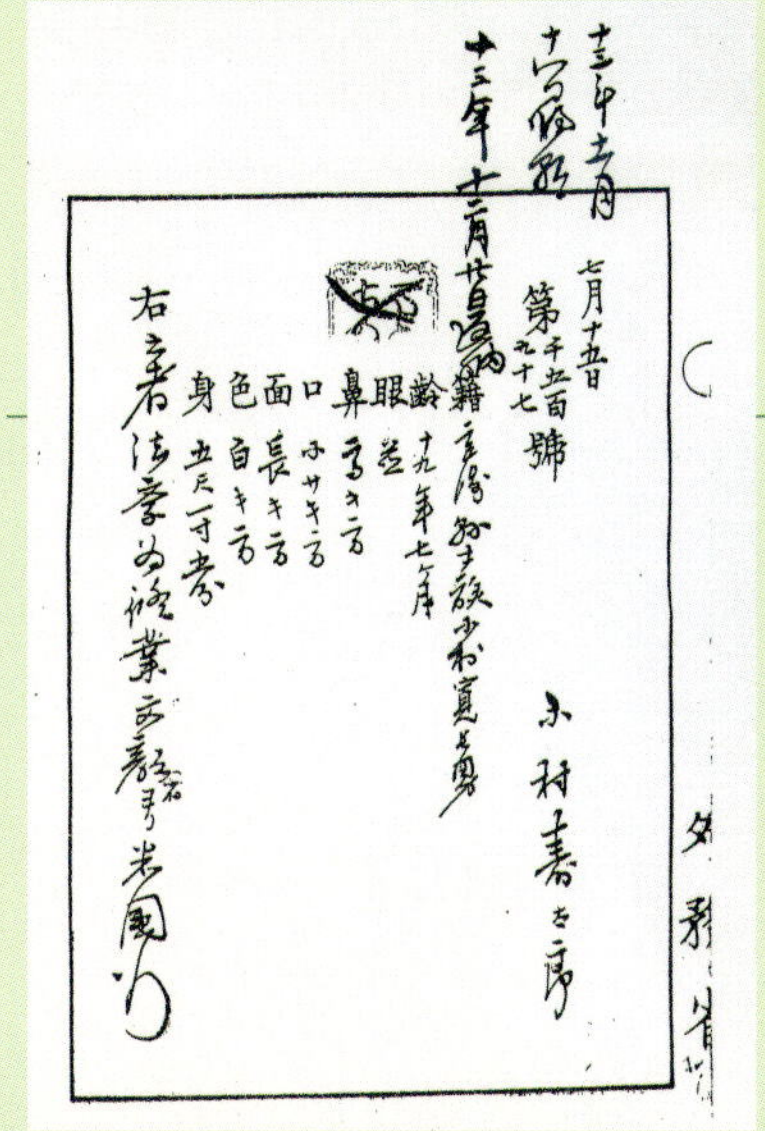

ハーバード大学《だいがく》に留学《りゅうがく》したときのパスポートには「身《み》五尺《しゃく》一寸《すん》五分《ぶ》（約《やく》156センチメートル）」とかかれている。（外務省外交資料館所蔵《がいむしょうがいこうしりょうかんしょぞう》、写真提供《しゃしんていきょう》：国際交流《こくさいこうりゅう》センター小村記念館《こむらきねんかん》）

小村寿太郎《こむらじゅたろう》がおこなった外交《がいこう》

小村寿太郎《こむらじゅたろう》は、日本《にほん》の地位《ちい》を国際社会《こくさいしゃかい》で向上《こうじょう》させるために力《ちから》をつくしました。

日英同盟《にちえいどうめい》

小村寿太郎《こむらじゅたろう》が、はじめて外務大臣《がいむだいじん》になったとき、日本《にほん》のいちばんの心配事《しんぱいごと》は、アジアへ勢力《せいりょく》をのばそうとしているロシアの存在《そんざい》でした。ロシアは、義《ぎ》和団事件《わだんじけん》以降《いこう》も満州《まんしゅう》から兵《へい》を引《ひ》きあげず、各国《かっこく》から非難《ひなん》されていました。

　ロシアとの対立《たいりつ》はさけられないと考《かんが》えた寿太郎《じゅたろう》は、おなじくロシアをおさえたいと考《かんが》えていたイギリスとの同盟《どうめい》を主張《しゅちょう》、日本政府《にほんせいふ》も寿太《じゅた》郎《ろう》の考《かんが》えに賛成《さんせい》し、一九〇二年《ねん》（明治《めいじ》三十五年《ねん》）に日英同盟《にちえいどうめい》が成立《せいりつ》しました。日英同盟《にちえいどうめい》のおもな内容《ないよう》は次《つぎ》のようなことがらです。

・同盟国《どうめいこく》がある一国《こく》と戦争《せんそう》になったとき、もう一方《いっぽう》の国《くに》は中立《ちゅうりつ》をたもつこと。
・同盟国《どうめいこく》が二国以上《こくいじょう》と戦争《せんそう》をするとき、もう一方《いっぽう》の国《くに》は同盟国《どうめいこく》を援助《えんじょ》して共同《きょうどう》で戦《たたか》うこと。

日英同盟《にちえいどうめい》を記念《きねん》して、三越呉服店《みつこしごふくてん》が発行《はっこう》した絵《え》はがき。日本《にほん》とイギリスの少女《しょうじょ》が手《て》をつないでいる。（絵葉書資料館所蔵《えはがきしりょうかんしょぞう》）

ポーツマス条約調印《じょうやくちょういん》

ポーツマスでの講和会議《こうわかいぎ》で、寿太郎《じゅたろう》は戦勝国《せんしょうこく》の特命全権大使《とくめいぜんけんたいし》として強《つよ》い態《たい》度《ど》で交渉《こうしょう》にのぞみました。ロシア側《がわ》の大使《たいし》は、セルゲイ・ヴィッテです。韓《かん》国《こく》に対《たい》する優越権《ゆうえつけん》、満州《まんしゅう》からのロシア軍撤退《ぐんてったい》、遼東《リアオトン》（遼東《りょうとう》）半島《はんとう》と長春《チャンチュン》（長《ちょう》春《しゅん》）以南《いなん》の東清鉄道《とうしんてつどう》（のちの南満州鉄《みなみまんしゅうてつ》道《どう》）をゆずりうけるという、日本《にほん》の要《よう》求《きゅう》はうけいれられましたが、樺太《からふと》（サハリン）を日本《にほん》にわたすことと、賠償《ばいしょう》金《きん》のしはらいは拒否《きょひ》されました。

　感情的《かんじょうてき》になるヴィッテに対《たい》し、寿太《じゅた》郎《ろう》は冷静《れいせい》な態度《たいど》でねばりづよく交渉《こうしょう》しました。しかし、戦争《せんそう》をはやく終《お》わらせたかった日本政府《にほんせいふ》は、ロシアのいい分《ぶん》をうけいれて講和《こうわ》をとりつけるように、寿太郎《じゅたろう》に指示《しじ》しました。結局《けっきょく》、日《に》本《ほん》は樺太《からふと》の南半分《みなみはんぶん》を手《て》にいれたものの、賠償金《ばいしょうきん》はとれませんでした。

韓国併合《かんこくへいごう》

　ポーツマス条約《じょうやく》で韓国《かんこく》に対《たい》する優越《ゆうえつ》権《けん》をみとめられたので、日本《にほん》は韓国《かんこく》を保護国《ほごこく》としました。一九〇六年《ねん》（明治《めいじ》三十九年《ねん》）に設置《せっち》された韓国統監府《かんこくとうかんふ》の初代統監《しょだいとうかん》・伊藤博文《いとうひろぶみ》は、第三次日韓協約《だいさんじにっかんきょうやく》をむすんで韓国《かんこく》の内政権《ないせいけん》をなくし、韓国《かんこく》の植民地《しょくみんち》化《か》を進《すす》めました。

　これにより、韓国《かんこく》の人《ひと》びとの抵抗《ていこう》がはげしくなりました。しかし日本政府《にほんせいふ》は、第二次桂太郎内閣《だいにじかつらたろうないかく》で再度《さいど》、外務大臣《がいむだいじん》になった寿太郎《じゅたろう》にロシア、イギリスの同意《どうい》をとりつけさせ、一九一〇年《ねん》（明治四十三年《めいじねん》）韓国併合条約《かんこくへいごうじょうやく》をむすび、韓国《かんこく》を日本《にほん》の植民地《しょくみんち》としました。

ポーツマス講和会議《こうわかいぎ》の写真《しゃしん》。左《ひだり》から３人目《にんめ》が寿太郎《じゅたろう》。右側《みぎがわ》の列《れつ》の手前《てまえ》から３人《にん》目《め》がロシアの特命全権大使《とくめいぜんけんたいし》ヴィッテ。（写真提供《しゃしんていきょう》：国際交流《こくさいこうりゅう》センター小村記念館《こむらきねんかん》）

漢城《ハンソン》（いまのソウル特別市《とくべつし》）にあった韓国統監府《かんこくとうかんふ》。（統監府編《とうかんふへん》『大《だい》日本帝国朝鮮写真帖《にっぽんていこくちょうせんしゃしんちょう》：日韓併合紀念《にっかんへいごうきねん》』より　国立国会図書館所蔵《こくりつこっかいとしょかんしょぞう》）

関税自主権《かんぜいじしゅけん》の完全回復《かんぜんかいふく》

　一八五八年《ねん》（安政五年《あんせいねん》）の日米修好《にちべいしゅうこう》通商条約《つうしょうじょうやく》など、幕末《ばくまつ》から明治初期《めいじしょき》にかけて各国《かっこく》とむすばれた条約《じょうやく》では、日本《にほん》は関税自主権《かんぜいじしゅけん》をもっていませんでした。国際社会《こくさいしゃかい》で大国《たいこく》と対等《たいとう》にわたりあうために、日本《にほん》に不利《ふり》な条約《じょうやく》を少《すこ》しでもはやく改正《かいせい》しようと、井上馨《いのうえかおる》や大隈《おおくま》重信《しげのぶ》など、さまざまな政治家《せいじか》たちが努《ど》力《りょく》をつづけてきました。

　日露戦争《にちろせんそう》の勝利《しょうり》で、国際社会《こくさいしゃかい》における日本《にほん》の地位《ちい》が向上《こうじょう》したことを背景《はいけい》に、寿太郎《じゅたろう》は完全《かんぜん》に関税自主権《かんぜいじしゅけん》を回復《かいふく》した通商条約《つうしょうじょうやく》を各国《かっこく》とむすぶことをめざしました。一九一一年《ねん》（明治《めいじ》四十四年《ねん》）にアメリカとの条約《じょうやく》の締結《ていけつ》が実現《じつげん》すると、ほかの大国《たいこく》とも関税自主権《かんぜいじしゅけん》を回復《かいふく》させせました。日本《にほん》の外交《がいこう》における、幕末期《ばくまつき》以《い》来《らい》の悲願《ひがん》は、寿太郎《じゅたろう》によって達《たっ》成《せい》されたのでした。

小村寿太郎《こむらじゅたろう》が生《い》きた 明治時代《めいじじだい》

明治時代《めいじじだい》には、紡績《ぼうせき》・製糸業《せいしぎょう》や大規模《だいきぼ》な製鉄業《せいてつぎょう》などの新《あたら》しい産業《さんぎょう》が発達《はったつ》しました。

日本《にほん》の産業革命《さんぎょうかくめい》

日本《にほん》では、明治時代《めいじじだい》の中《なか》ごろから紡績《ぼうせき》・製糸業《せいしぎょう》がさかんになりました。群馬県《ぐんまけん》で、富岡製糸場《とみおかせいしじょう》が一八七二年《ねん》（明治《めいじ》五年《ねん》）に開業《かいぎょう》すると、多《おお》くの子女《しじょ》がはたらきました。日清戦争後《にっしんせんそうご》はさらに発達《はったつ》し、一九〇一年《ねん》（明治《めいじ》三十四年《ねん》）には、日清戦争《にっしんせんそう》に負《ま》けた清《しん》がはらった賠償金《ばいしょうきん》を資金《しきん》として、北九州《きたきゅうしゅう》に官営《かんえい》の八幡製鉄所《やはたせいてつじょ》がつくられ、重工業《じゅうこうぎょう》（鉄《てつ》や船《ふね》など重《おも》いものを製造《せいぞう》する産業《さんぎょう》）も発達《はったつ》しはじめます。

開設当時《かいせつとうじ》の富岡製糸場《とみおかせいしじょう》。士族《しぞく》のむすめなどが多《おお》くはたらいた。
（写真提供《しゃしんていきょう》：富岡市富岡製糸場《とみおかしとみおかせいしじょう》）

九州北部《きゅうしゅうほくぶ》の筑豊地方《ちくほうちほう》や北海道《ほっかいどう》では、機械《きかい》などの動力源《どうりょくげん》となる石炭《せきたん》の採掘《さいくつ》がさかんになりました。同時《どうじ》に、鉱山《こうざん》からながれだした有害《ゆうがい》な物質《ぶっしつ》による公害《こうがい》が、はじめて社会問題《しゃかいもんだい》となりました。

東海道本線開通当時《とうかいどうほんせんかいつうとうじ》の豊橋駅《とよはしえき》。
（豊橋市二川宿本陣資料館所蔵《とよはししふたがわじゅくほんじんしりょうかんしょぞう》）

産業《さんぎょう》が発達《はったつ》するにつれ、物資《ぶっし》や人《ひと》を輸送《ゆそう》する手段《しゅだん》である鉄道《てつどう》が発達《はったつ》しました。一八八九年《ねん》（明治《めいじ》二十二年《ねん》）には東海道線《とうかいどうせん》が全線開通《ぜんせんかいつう》し（当時《とうじ》は新橋《しんばし》〜神戸《こうべ》）、全国各地《ぜんこくかくち》で多《おお》くの民間鉄道会社《みんかんてつどうがいしゃ》が開業《かいぎょう》します。日露戦争後《にちろせんそうご》、主要《しゅよう》な民間鉄道会社《みんかんてつどうがいしゃ》は国有化《こくゆうか》されました。利益《りえき》と輸送《ゆそう》を国《くに》が管理《かんり》するためです。

これらの産業革命《さんぎょうかくめい》により、日本《にほん》でも資本主義社会《しほんしゅぎしゃかい》が確立《かくりつ》しました。

小村寿太郎《こむらじゅたろう》とおなじ時代《じだい》に生《い》きた人《ひと》びと

陸《む》奥《つ》宗光《むねみつ》（一八四四～一八九七年《ねん》）

和歌山県《わかやまけん》生《う》まれの外交官《がいこうかん》、政治家《せいじか》。明治維新後《めいじいしんご》坂本龍馬《さかもとりょうま》の海援隊《かいえんたい》に参加《さんか》。明治維新後《めいじいしんご》は外交《がいこう》にたずさわり、兵庫県知事《ひょうごけんちじ》などをつとめたが、西南戦争《せいなんせんそう》で反政府的立場《はんせいふてきたちば》をとったため投獄《とうごく》された。その後《ご》、アメリカ駐在公使《ちゅうざいこうし》、外務大臣《がいむだいじん》などを歴任《れきにん》、イギリスとのあいだで**領事裁判権**《りょうじさいばんけん》をなくすことに成功《せいこう》した。

陸奥宗光《むつむねみつ》は頭《あたま》がきれるという評判《ひょうばん》から「カミソリ大臣《だいじん》」とあだ名《な》されていた。
（国立国会図書館所蔵《こくりつこっかいとしょかんしょぞう》）

桂《かつら》太《た》郎《ろう》（一八四八～一九一三年《ねん》）

山口県《やまぐちけん》生《う》まれの陸軍軍人《りくぐんぐんじん》、政治家《せいじか》。戊辰戦争《ぼしんせんそう》に参加《さんか》し、明治維新後《めいじいしんご》にドイツに留学《りゅうがく》してドイツの兵学《へいがく》を学《まな》んだ。帰国後《きこくご》は山県有朋《やまがたありとも》のもとで陸軍《りくぐん》の改革《かいかく》にたずさわった。日清戦争《にっしんせんそう》に参加《さんか》したのち、三回《かい》にわたって内閣総理大臣《ないかくそうりだいじん》をつとめた。

桂太郎《かつらたろう》は内閣総理大臣《ないかくそうりだいじん》を3回《かい》つとめており、通算《つうさん》在職日数《ざいしょくにっすう》は歴代《れきだい》1位《い》。
（国立国会図書館所蔵《こくりつこっかいとしょかんしょぞう》）

伊藤博文《いとうひろぶみ》（一八四一～一九〇九年《ねん》）

山口県《やまぐちけん》生《う》まれの政治家《せいじか》。吉田松陰《よしだしょういん》の松下村塾《しょうかそんじゅく》で学《まな》び、高杉晋作《たかすぎしんさく》らとともに尊王攘夷運動《そんのうじょういうんどう》に参加《さんか》。明治維新後《めいじいしんご》の新政府《しんせいふ》で力《ちから》をつけ、大久保利通《おおくぼとしみち》の死後《しご》、政府《せいふ》の中心人物《ちゅうしんじんぶつ》となる。大日本帝国憲法《だいにっぽんていこくけんぽう》の作成《さくせい》にたずさわって内閣制度《ないかくせいど》を確立《かくりつ》し、初代内閣総理大臣《しょだいないかくそうりだいじん》となった。韓国統監府《かんこくとうかんふ》の初代統監《しょだいとうかん》をつとめる。

横山大観《よこやまたいかん》（一八六八～一九五八年《ねん》）

茨城県《いばらきけん》生《う》まれの日本画家《にほんがか》。東京美術学校《とうきょうびじゅつがっこう》（いまの東京芸術大学《とうきょうげいじゅつだいがく》）第《だい》一期生《きせい》。岡倉天心《おかくらてんしん》に学《まな》び、日本美術院《にほんびじゅついん》の創設《そうせつ》・再興《さいこう》に深《ふか》くかかわる。近代日本画《きんだいにほんが》の第《だい》一人者《いちにんしゃ》として活躍《かつやく》し、一九三七年《ねん》（昭《しょう》和《わ》十二年《ねん》）に文化勲章《ぶんかくんしょう》を受章《じゅしょう》した。

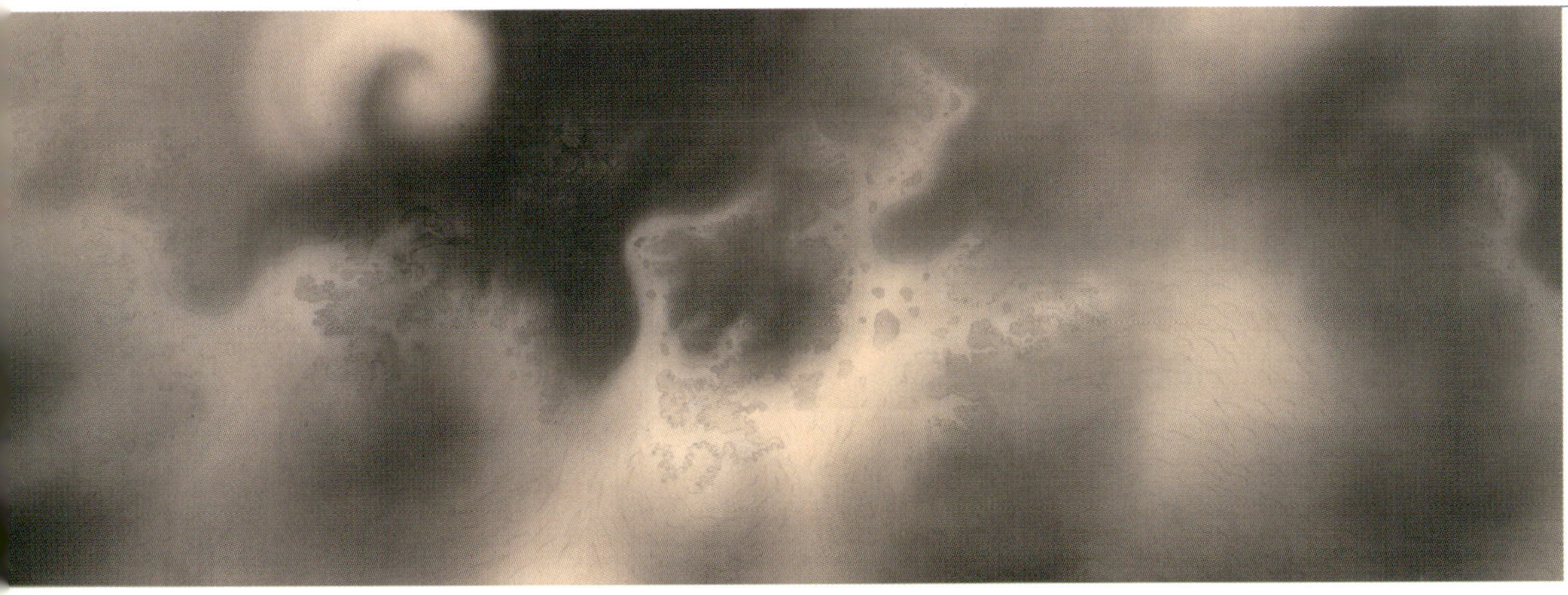

横山大観《よこやまたいかん》は、輪郭線《りんかくせん》をつかわずに空気《くうき》や光《ひかり》を表現《ひょうげん》する「朦朧体《もうろうたい》」という、日本画《にほんが》のかきかたを完成《かんせい》。この絵《え》は40メートルにもわたって、一滴《いってき》の水《みず》がすがたをかえながら流《なが》れ、やがて龍《りゅう》（左上《ひだりうえ》）になって天《てん》にのぼるまでをかいている。（「生々流転《せいせいるてん》」部分《ぶぶん》　横山大観《よこやまたいかん》　重要文化財《じゅうようぶんかざい》　東京国立近代美術館所蔵《とうきょうこくりつきんだいびじゅつかんしょぞう》）

もっと知《し》りたい！ 小村寿太郎《こむらじゅたろう》

小村寿太郎《こむらじゅたろう》にゆかりのある場所《ばしょ》や、外交資料《がいこうしりょう》が見《み》られる史料館《しりょうかん》、明治時代《めいじじだい》についてかかれた本《ほん》などを紹介《しょうかい》します。

資料館《しりょうかん》 博物館《はくぶつかん》

史跡《しせき》 遺跡《いせき》

小村寿太郎《こむらじゅたろう》についてかかれた本《ほん》

小村寿太郎生家《こむらじゅたろうせいか》

小村寿太郎《こむらじゅたろう》が生《う》まれそだった家《いえ》。現在《げんざい》は移築《いちく》・改修《かいしゅう》されており、実際《じっさい》に寿太郎《じゅたろう》が生《う》まれた場所《ばしょ》には石碑《せきひ》がたっている。

〒889-2535
宮崎県日南市飫肥《みやざきけんにちなんしおび》4-8259-1
☎0987-25-1905
（国際交流《こくさいこうりゅう》センター小村記念館《こむらきねんかん》）

現在《げんざい》の建物《たてもの》は、老朽化《ろうきゅうか》が進《すす》んでいた生家《せいか》を日南市《にちなんし》が改修《かいしゅう》したもの。
（写真提供《しゃしんていきょう》：国際交流《こくさいこうりゅう》センター小村記念館《こむらきねんかん》）

振徳堂《しんとくどう》

小村寿太郎《こむらじゅたろう》が七さいからかよっていた飫肥藩《おびはん》の藩校《はんこう》。現在《げんざい》は門《もん》と母屋《おもや》（中心《ちゅうしん》となる建物《たてもの》）が保存《ほぞん》されている。

※連絡先《れんらくさき》は上《うえ》の「小村寿太郎生家《こむらじゅたろうせいか》」と同《おな》じ。

明治維新後《めいじいしんご》、建物《たてもの》は小学校《しょうがっこう》や女学校《じょがっこう》などにつかわれた。
（写真提供《しゃしんていきょう》：国際交流《こくさいこうりゅう》センター小村記念館《こむらきねんかん》）

国際交流《こくさいこうりゅう》センター小村記念館《こむらきねんかん》

小村寿太郎《こむらじゅたろう》の生涯《しょうがい》や功績《こうせき》を資料《しりょう》、ビデオなどで紹介《しょうかい》している記念館《きねんかん》。寿太郎《じゅたろう》にかんする貴重《きちょう》な資料《しりょう》を見《み》ることができる。

〒889-2535
宮崎県日南市飫肥《みやざきけんにちなんしおび》4-2-20-1
☎0987-25-1905

小村記念館《こむらきねんかん》は、寿太郎《じゅたろう》がなくなってから80年《ねん》を記念《きねん》して開設《かいせつ》された。
（写真提供《しゃしんていきょう》：国際交流《こくさいこうりゅう》センター小村記念館《こむらきねんかん》）

外務省外交史料館《がいむしょうがいこうしりょうかん》

江戸時代《えどじだい》の終《お》わりから現在《げんざい》までの、日本《にほん》の外交《がいこう》にかんする資料《しりょう》を収蔵《しゅうぞう》している資料館《しりょうかん》。別館展示室《べっかんてんじしつ》では、代表的《だいひょうてき》な条約書《じょうやくしょ》や国書《こくしょ》などを見《み》ることができる。

〒106-0041
東京都港区麻布台《とうきょうとみなとくあざぶだい》1-5-3
☎03-3585-4511
http://www.mofa.go.jp/mofaj/annai/honsho/shiryo/

条約書《じょうやくしょ》などのほか、吉田茂《よしだしげる》もと首相《しゅしょう》の遺品《いひん》なども展示《てんじ》している。
（写真提供《しゃしんていきょう》：外務省外交史料館《がいむしょうがいこうしりょうかん》）

『集英社版《しゅうえいしゃばん》・学習漫画《がくしゅうまんが》 日本《にほん》の歴史《れきし》16 日清《にっしん》・日露《にちろ》の戦《たたか》い 明治時代《めいじじだい》Ⅱ』

監修《かんしゅう》／海野福寿《うんのふくじゅ》ほか
集英社《しゅうえいしゃ》 1998年《ねん》

日清戦争《にっしんせんそう》と日露戦争《にちろせんそう》を中心《ちゅうしん》に、産業革命《さんぎょうかくめい》や帝国主義政策《ていこくしゅぎせいさく》を進《すす》めていった明治時代《めいじじだい》の日本《にほん》について、マンガでわかりやすく解説《かいせつ》している。

さくいん・用語解説《ようごかいせつ》

伊藤博文《いとうひろぶみ》…… 23、27、29
井上馨《いのうえかおる》…… 27
ヴィッテ（セルゲイ・ヴィッテ）…… 26
大隈重信《おおくましげのぶ》…… 27
外務次官《がいむじかん》…… 23
外務省《がいむしょう》…… 23
外務大臣《がいむだいじん》…… 23、24、25、26、27、29
桂太郎《かつらたろう》…… 24、25、27、29
樺太《からふと》（サハリン）…… 26、27
韓国統監府《かんこくとうかんふ》…… 27、29
韓国併合《かんこくへいごう》…… 25、27
関税自主権《かんぜいじしゅけん》…… 25、27
▼輸入品《ゆにゅうひん》にかける税金《ぜいきん》を輸入国《ゆにゅうこく》が決《き》める権利《けんり》。
義和団事件《ぎわだんじけん》…… 23、26
▼外国《がいこく》を排除《はいじょ》しようと清《しん》の民衆《みんしゅう》がおこした事件《じけん》。事件《じけん》は清政府《しんせいふ》にあとおしされて拡大《かくだい》したが、八か国《こく》（日本《にほん》とロシアを中心《ちゅうしん》とした欧米列強《おうべいれっきょう》）の連《れん》合軍《ごうぐん》により、北京《ペキン》を占領《せんりょう》された。
貢進生《こうしんせい》…… 22
▼全国《ぜんこく》の藩《はん》からのすいせんによって、大学南校《だいがくなんこう》に入学《にゅうがく》をゆるされた優秀《ゆうしゅう》な学生《がくせい》のこと。
産業革命《さんぎょうかくめい》…… 28
司法省《しほうしょう》…… 23

資本主義《しほんしゅぎ》…… 28
植民地《しょくみんち》…… 27
▼別《べつ》の国《くに》に支配《しはい》された国《くに》や地域《ちいき》のこと。別《べつ》の国《くに》からの移住者《いじゅうしゃ》によって開拓《かいたく》された新領土《しんりょうど》と、武力《ぶりょく》などによって支《し》配権《はいけん》をうばわれた領土《りょうど》などがある。
振徳堂《しんとくどう》…… 22
新日英通商航海条約《しんにちえいつうしょうこうかいじょうやく》…… 25
新日米通商航海条約《しんにちべいつうしょうこうかいじょうやく》…… 25
枢密顧問官《すうみつこもんかん》…… 25
▼政治《せいじ》の重要《じゅうよう》な議題《ぎだい》について、天皇《てんのう》のもとめにおうじて助言《じょげん》する高官《こうかん》。
大学南校《だいがくなんこう》（東京開成学校《とうきょうかいせいがっこう》）…… 22
駐在公使《ちゅうざいこうし》…… 23、29
駐在大使《ちゅうざいたいし》…… 25
帝政《ていせい》…… 24
▼皇帝《こうてい》が政治《せいじ》をおこなうこと。
東清鉄道《とうしんてつどう》…… 26
特命全権大使《とくめいぜんけんたいし》…… 23、24、26
▼国《くに》の代表《だいひょう》として、交渉《こうしょう》・調印《ちょういん》など外《がい》交《こう》のすべての権限《けんげん》をもった人物《じんぶつ》。
富岡製糸場《とみおかせいしじょう》…… 28
内閣総理大臣《ないかくそうりだいじん》…… 24、29
日英同盟《にちえいどうめい》…… 24、26
日米修好通商条約《にちべいしゅうこうつうしょうじょうやく》…… 27
日露戦争《にちろせんそう》…… 24、25、27、28
日韓議定書《にっかんぎていしょ》…… 25
日韓協約《にっかんきょうやく》…… 25、27
日清戦争《にっしんせんそう》…… 23、28、29

日本海海戦《にほんかいかいせん》…… 24
▼日露戦争《にちろせんそう》における最大《さいだい》の海戦《かいせん》。東郷《とうごう》平八郎《へいはちろう》を司令長官《しれいちょうかん》とする日本海軍《にほんかいぐん》の連合艦隊《れんごうかんたい》は、当時《とうじ》世界最強《せかいさいきょう》といわれていたロシアのバルチック艦隊《かんたい》を圧《あっ》倒的《とうてき》な強《つよ》さでやぶり、世界《せかい》におどろきをあたえた。
ハーバード大学《だいがく》…… 22
賠償金《ばいしょうきん》…… 23、24、26、27、28
奉天会戦《フォンティエンかいせん》…… 24
フルベッキ（グイド・フルベッキ）…… 22
北京議定書《ペキンぎていしょ》…… 23
ポーツマス条約《じょうやく》…… 24、26、27
保護国《ほごこく》…… 25、27
▼条約《じょうやく》などにもとづいて、保護《ほご》の名目《めいもく》で外交《がいこう》などをほかの国《くに》がおこなっている国家《こっか》のこと。
満州《まんしゅう》…… 24、26
睦奥宗光《むつむねみつ》…… 23、29
八幡製鉄所《やはたせいてつじょ》…… 28
横山大観《よこやまたいかん》…… 29
遼東半島《リアオトンはんとう》…… 26
領事裁判権《りょうじさいばんけん》…… 29
▼自国以外《じこくいがい》で事件《じけん》をおこしたとき、その国《くに》の法律《ほうりつ》・裁判所《さいばんしょ》ではなく、自国《じこく》の法律《ほうりつ》にもとづいて自国《じこく》の領事《りょうじ》がさばく権利《けんり》。
ルーズベルト（セオドア・ルーズベルト）…… 24

■監修

安田　常雄（やすだ　つねお）

1946年東京都生まれ。東京大学大学院博士課程単位取得。経済学博士。神奈川大学大学院法学部特任教授。歴史学研究会、同時代史学会などの会員。『日本ファシズムと民衆運動』（れんが書房新社）、『戦後経験を生きる』（共編、吉川弘文館）、『日本史講座（10）戦後日本論』（共編、東京大学出版会）など著書多数。

■文（2～21ページ）

西本　鶏介（にしもと　けいすけ）

1934年奈良県生まれ。評論家・民話研究家・童話作家として幅広く活躍する。昭和女子大学名誉教授。各ジャンルにわたって著書は多いが、伝記に『心を育てる偉人のお話』全3巻、『徳川家康』、『武田信玄』、『源義経』、『独眼竜政宗』（ポプラ社）、『大石内蔵助』、『宮沢賢治』、『夏目漱石』、『石川啄木』（講談社）などがある。

■絵

荒賀　賢二（あらが　けんじ）

1973年埼玉県生まれ。内装デザイン会社、児童書デザイン会社を経て、2001年からフリーのイラストレーターとなる。児童書の挿絵や絵本を中心に活躍。主な作品に『電気がいちばんわかる本』（ポプラ社）、『できるまで大図鑑』（東京書籍）のほか、絵本に『よういどん』（少年写真新聞社）など。

■主な参考図書

『日清・日露戦争　シリーズ日本近現代史 3』
著／原田敬一　岩波新書　2007年
『日本近現代史』編著／小風秀雅　放送大学教育振興会　2009年
『文藝春秋にみる「坂の上の雲」とその時代』
編／文藝春秋　文藝春秋　2009年
『ドラマチック日露戦争　近代化の立役者 13 人の物語』
著／河合敦　ソフトバンククリエイティブ　2010年
『明治三十七年のインテリジェンス外交　戦争をいかに終わらせるか』
著／前坂俊之　祥伝社　2010年
『山川　詳説日本史図録』（第３版）
編／詳説日本史図録編集委員会　山川出版社　2010年
『小村寿太郎　近代日本外交の体現者』
著／片山慶隆　中央公論新社　2011年
『近代朝鮮と日本』著／趙景達　岩波新書　2012年

企画・編集　こどもくらぶ
装丁・デザイン　長江　知子
D　T　P　株式会社エヌ・アンド・エス企画

よんで しらべて 時代がわかる　ミネルヴァ日本歴史人物伝
小村寿太郎
――列強と肩をならべた近代日本の外交官――

2013年３月20日　初版第１刷発行　検印廃止

定価はカバーに表示しています

監修者　安田常雄
文　西本鶏介
絵　荒賀賢二
発行者　杉田啓三
印刷者　金子眞吾

発行所　株式会社　ミネルヴァ書房
607-8494　京都市山科区日ノ岡堤谷町１
電話 075-581-5191／振替 01020-0-8076

印刷・製本　凸版印刷株式会社

ISBN978-4-623-06423-6
NDC281/32P/27cm
Printed in Japan

よんでしらべて 時代がわかる
ミネルヴァ 日本歴史人物伝

卑《ひ》弥《み》呼《こ》
監修 山岸良二 文 西本鶏介 絵 宮嶋友美

聖《しょう》徳《とく》太《たい》子《し》
監修 山岸良二 文 西本鶏介 絵 たごもりのりこ

小《お》野《のの》妹《いも》子《こ》
監修 山岸良二 文 西本鶏介 絵 宮本えつよし

中《なかの》大《おお》兄《えの》皇《おう》子《じ》
監修 山岸良二 文 西本鶏介 絵 山中桃子

鑑《がん》真《じん》
監修 山岸良二 文 西本鶏介 絵 ひだかのり子

聖《しょう》武《む》天《てん》皇《のう》
監修 山岸良二 文 西本鶏介 絵 きむらゆういち

清《せい》少《しょう》納《な》言《ごん》
監修 朧谷寿 文 西本鶏介 絵 山中桃子

紫《むらさき》式《しき》部《ぶ》
監修 朧谷寿 文 西本鶏介 絵 青山友美

平《たいらの》清《きよ》盛《もり》
監修 木村茂光 文 西本鶏介 絵 きむらゆういち

源《みなもとの》頼《より》朝《とも》
監修 木村茂光 文 西本鶏介 絵 野村たかあき

源《みなもとの》義《よし》経《つね》
監修 木村茂光 文 西本鶏介 絵 狩野富貴子

北《ほう》条《じょう》時《とき》宗《むね》
監修 木村茂光 文 西本鶏介 絵 山中桃子

足《あし》利《かが》義《よし》満《みつ》
監修 木村茂光 文 西本鶏介 絵 宮嶋友美

雪《せっ》舟《しゅう》
監修 木村茂光 文 西本鶏介 絵 広瀬克也

織《お》田《だ》信《のぶ》長《なが》
監修 小和田哲男 文 西本鶏介 絵 広瀬克也

豊《とよ》臣《とみ》秀《ひで》吉《よし》
監修 小和田哲男 文 西本鶏介 絵 青山邦彦

細《ほそ》川《かわ》ガラシャ
監修 小和田哲男 文 西本鶏介 絵 宮嶋友美

伊《だ》達《て》政《まさ》宗《むね》
監修 小和田哲男 文 西本鶏介 絵 野村たかあき

徳《とく》川《がわ》家《いえ》康《やす》
監修 大石学 文 西本鶏介 絵 宮嶋友美

春《かす》日《が》局《のつぼね》
監修 大石学 文 西本鶏介 絵 狩野富貴子

徳《とく》川《がわ》家《いえ》光《みつ》
監修 大石学 文 西本鶏介 絵 ひるかわやすこ

近《ちか》松《まつ》門《もん》左《ざ》衛《え》門《もん》
監修 大石学 文 西本鶏介 絵 野村たかあき

杉《すぎ》田《た》玄《げん》白《ぱく》
監修 大石学 文 西本鶏介 絵 青山邦彦

伊《い》能《のう》忠《ただ》敬《たか》
監修 大石学 文 西本鶏介 絵 青山邦彦

歌《うた》川《がわ》広《ひろ》重《しげ》
監修 大石学 文 西本鶏介 絵 野村たかあき

勝《かつ》海《かい》舟《しゅう》
監修 大石学 文 西本鶏介 絵 おくやまひでとし

西《さい》郷《ごう》隆《たか》盛《もり》
監修 大石学 文 西本鶏介 絵 野村たかあき

大《おお》久《く》保《ぼ》利《とし》通《みち》
監修 安田常雄 文 西本鶏介 絵 篠崎三朗

坂《さか》本《もと》龍《りょう》馬《ま》
監修 大石学 文 西本鶏介 絵 野村たかあき

福《ふく》沢《ざわ》諭《ゆ》吉《きち》
監修 安田常雄 文 西本鶏介 絵 たごもりのりこ

板《いた》垣《がき》退《たい》助《すけ》
監修 安田常雄 文 西本鶏介 絵 青山邦彦

伊《い》藤《とう》博《ひろ》文《ぶみ》
監修 安田常雄 文 西本鶏介 絵 おくやまひでとし

小《こ》村《むら》寿《じゅ》太《た》郎《ろう》
監修 安田常雄 文 西本鶏介 絵 荒賀賢二

野《の》口《ぐち》英《ひで》世《よ》
監修 安田常雄 文 西本鶏介 絵 たごもりのりこ

与《よ》謝《さ》野《の》晶《あき》子《こ》
監修 安田常雄 文 西本鶏介 絵 宮嶋友美

宮《みや》沢《ざわ》賢《けん》治《じ》
文 西本鶏介 絵 黒井健

27cm　32ページ　NDC281　オールカラー
小学校低学年～中学生向き

日《に》本《ほん》の歴史《れきし》年表《ねんぴょう》

時代《じだい》	年《ねん》	できごと	このシリーズに出《で》てくる人物《じんぶつ》
旧石器時代《きゅうせっきじだい》	四〇〇万年前《まんねんまえ》～	採集《さいしゅう》や狩《か》りによって生活《せいかつ》する	
縄文時代《じょうもんじだい》	一三〇〇〇年前《ねんまえ》～	縄文土器《じょうもんどき》がつくられる	
弥生時代《やよいじだい》	前《ぜん》四〇〇年《ねん》ごろ～	稲作《いなさく》、金属器《きんぞくき》の使用《しよう》がさかんになる	
		小《ちい》さな国《くに》があちこちにできはじめる	卑弥呼《ひみこ》
古墳時代《こふんじだい》	二五〇年《ねん》ごろ～	大和朝廷《やまとちょうてい》の国土統一《こくどとういつ》が進《すす》む	
飛鳥時代《あすかじだい》	五九三	聖徳太子《しょうとくたいし》が摂政《せっしょう》となる	聖徳太子《しょうとくたいし》
	六〇七	小野妹子《おののいもこ》を隋《ずい》におくる	小野妹子《おののいもこ》
	六四五	大化《たいか》の改新《かいしん》	中大兄皇子《なかのおおえのおうじ》
	七〇一	大宝律令《たいほうりつりょう》ができる	
奈良時代《ならじだい》	七一〇	都《みやこ》を奈良《なら》（平城京《へいじょうきょう》）にうつす	鑑真《がんじん》
	七五二	東大寺《とうだいじ》の大仏《だいぶつ》ができる	聖武天皇《しょうむてんのう》
平安時代《へいあんじだい》	七九四	都《みやこ》を京都《きょうと》（平安京《へいあんきょう》）にうつす	清少納言《せいしょうなごん》
		藤原氏《ふじわらし》がさかえる	紫式部《むらさきしきぶ》
		『源氏物語《げんじものがたり》』ができる	
	一一六七	平清盛《たいらのきよもり》が太政大臣《だいじょうだいじん》となる	平清盛《たいらのきよもり》
	一一八五	源氏《げんじ》が平氏《へいし》をほろぼす	
鎌倉時代《かまくらじだい》	一一九二	源頼朝《みなもとのよりとも》が征夷大将軍《せいいたいしょうぐん》となる	源頼朝《みなもとのよりとも》 源義経《みなもとのよしつね》
	一二七四	元《げん》がせめてくる	北条時宗《ほうじょうときむね》
	一二八一	元《げん》がふたたびせめてくる	
	一三三三	鎌倉幕府《かまくらばくふ》がほろびる	
南北朝時代《なんぼくちょうじだい》	一三三六	朝廷《ちょうてい》が南朝《なんちょう》と北朝《ほくちょう》にわかれ対立《たいりつ》する	
	一三三八	足利尊氏《あしかがたかうじ》が征夷大将軍《せいいたいしょうぐん》となる	
	一三九二	南朝《なんちょう》と北朝《ほくちょう》がひとつになる	足利義満《あしかがよしみつ》